LE FUSIL A AIGUILLE

PAR

MARTIN DE BRETTES

CHEF D'ESCADRONS D'ARTILLERIE DE LA GARDE IMPÉRIALE,
PROFESSEUR DE SCIENCES APPLIQUÉES A L'ÉCOLE D'ARTILLERIE DE VERSAILLES.

La victoire appartiendra toujours, à la guerre comme dans l'industrie, au peuple qui aura l'outillage le plus perfectionné.
L'Auteur.

PARIS
LIBRAIRIE MILITAIRE
J. DUMAINE, LIBRAIRE-ÉDITEUR DE L'EMPEREUR
Rue et Passage Dauphine, 30.

1866

LE
FUSIL A AIGUILLE

PAR

MARTIN DE BRETTES

CHEF D'ESCADRON D'ARTILLERIE DE LA GARDE IMPÉRIALE,
PROFESSEUR DE SCIENCES APPLIQUÉES À L'ÉCOLE D'ARTILLERIE DE VERSAILLES.

> La victoire appartiendra toujours, à la guerre comme dans l'industrie, au peuple qui aura l'outillage le plus perfectionné.
>
> *L'Auteur.*

PARIS
LIBRAIRIE MILITAIRE
J. DUMAINE, LIBRAIRE-ÉDITEUR DE L'EMPEREUR,
Rue et Passage Dauphine, 30.

—

1866

LE

FUSIL A AIGUILLE

Depuis le commencement de la guerre actuelle entre la Prusse et la Confédération germanique, dont les armées ont été mises par la Diète sous le commandement supérieur de l'Autriche, la victoire a été favorable aux Prussiens.

Ces succès sont généralement attribués au *fusil à aiguille*. Il y a, sans aucun doute, grandement contribué, mais l'état politique et militaire de la Confédération y est bien pour quelque chose.

Il est cependant incontestable que, toutes circonstances égales d'ailleurs, la victoire appartiendra toujours, à la guerre comme dans l'industrie, au peuple qui aura l'outillage le plus perfectionné.

L'outillage militaire le plus perfectionné, toutes choses égales d'ailleurs, est celui qui, dans un temps donné, produit le plus grand effet utile, militairement parlant, c'est-à-dire exerce le plus grand ravage parmi les hommes, les chevaux et le matériel ennemi.

Il est évident, que le fusil dont le tir sera le plus rapide dans l'unité de temps, ou dont la vitesse de tir sera la plus grande, pendant un combat, produit le même effet qu'une supériorité numérique de combattants à armes égales. Il est donc préférable.

Les fusils dont la manœuvre pour le chargement exige le moins de temps, et par conséquent moins de mouvements, satisfont à ces conditions.

De sorte que les fusils, se chargeant par la culasse avec une cartouche portant son amorce fulminante, qui suppriment ainsi l'emploi de la baguette et l'amorçage au moyen de la capsule isolée, résolvent théoriquement la question.

Mais la réalisation technique de ce problème compliqué est très-difficile. Ce n'est pas d'aujourd'hui qu'elle a été abordée. La première arme se chargeant par la culasse remonte à 1540, et la chronique en attribue l'invention à Henri II, roi de France. Depuis cette époque, le nombre des systèmes d'armes, se chargeant ainsi, est devenu extrêmement considérable.
Le fusil à aiguille est une solution particulière qui n'est pas à l'abri de sérieuses objections.

Mais il y a mieux, car l'examen, l'étude, l'expérience d'un grand nombre d'armes se chargeant par la culasse ont conduit à un modèle, qui paraît réunir tous les progrès réalisés dans la question si complexe de l'établissement des armes à feu et de leurs munitions.

Cette supériorité n'est encore que relative, car, aujourd'hui, un peuple doit sans cesse perfectionner son matériel de guerre, comme celui de l'industrie, sous peine d'être vaincu, dans les combats, comme dans les concours industriels ; aussi l'exemple de la guerre actuelle ne sera pas perdu.

Invention du fusil à aiguille.

L'idée d'enflammer la charge de poudre d'un fusil, au moyen d'une aiguille mobile dans l'axe du canon n'est pas nouvelle ; elle remonte à trente-cinq ans. Cette idée, due à Abraham Mosar, a été l'objet d'un brevet d'invention qui lui a été concédé en Angleterre le 15 décembre 1831.

Le fusil à aiguille d'Abraham Mosar, qui se chargeait par la bouche, fut soumis, en 1834, à une commission de l'artillerie royale. Ce mode de chargement avait l'inconvénient très-grave de déterminer accidentellement l'explosion de la charge par suite du choc de la baguette. L'inventeur imagina des dispositions qui le faisaient disparaître, mais la méthode de chargement rendait l'arme peu pratique entre les mains des soldats.

L'inventeur n'ayant pas les moyens pécuniaires suffisants pour perfectionner et simplifier son invention, ce fusil à aiguille fut délaissé.

Fusil à aiguille se chargeant par la culasse.

En 1835, un armurier de Sœmerda, en Thuringe, M. Dreyse, fit disparaître les inconvénients du fusil à aiguille, résultant du choc de la baguette en imaginant un moyen de chargement par la culasse.

Dans ce fusil, l'inflammation de la charge de poudre est aussi produite par une aiguille, qui la traverse avant de frapper la poudre fulminante contenue dans un sabot en bois ou en papier comprimé. Ce mode d'inflammation a fait donner à l'arme le nom de *Zündnadelgewehr* (1), fusil à aiguille inflammante.

Ce fusil fut présenté, en 1835, par l'inventeur, M. Dreyse, au gouvernement prussien qui l'adopta en principe, et, après des essais qui durèrent plusieurs années, en arma plusieurs régiments en 1841.

(1) Zünden, *allumer* ; nadel, *aiguille* ; gewehr, *arme*.

Apparition du fusil à aiguille sur les champs de bataille.

En 1848, les troupes prussiennes qui intervinrent dans le grand-duché de Bade, étaient, en partie, armées de ce fusil. C'est à cette occasion que cette arme a fait son apparition sur les champs de bataille.

En 1850, vingt-cinq bataillons prussiens étaient déja armés du fusil à aiguille.

En 1853, le nombre des bataillons, ainsi armés, s'élevait à cinquante.

Enfin, en 1855, l'usage du fusil à aiguille était généralisé dans l'armée prussienne.

Cette arme a de nouveau reparu sur les champs de bataille, en 1863, contre le Danemark, et la guerre actuelle de la Prusse contre l'Autriche et la Confédération germanique, vient de révéler à tous sa supériorité relative.

Les armées de la Confédération germanique et de l'Autriche, qui connaissaient les effets de cette arme, avaient eu le temps et les moyens nécessaires d'en apprécier la valeur : mais les essais faits dans le Hanovre, la Hesse-Électorale et le duché de Brunswick, n'ont pas été favorables au fusil à aiguille. Les cartouches, paraît-il, étaient hors d'usage après quelques mois, quoique celles qui sont fabriquées en Prusse se conservent parfaitement, au dire des officiers prussiens. Cette supériorité des cartouches prussiennes est attribuée à un secret de fabrication du fulminate (1). Cependant la composition de cet artifice est connue : c'est un mélange d'un équivalent de chlorate de potasse et de deux équivalents de sulfure d'antimoine.

Si les gouvernements de l'Allemagne et de l'Autriche, mieux renseignés que tous les autres, n'ont pas adopté le fusil à aiguille, en usage dans l'armée prussienne, c'est que les avantages incontestables de cette arme ne leur ont pas paru balancer les inconvénients graves qu'elle présente. Les mêmes motifs ont probablement déterminé les autres gouvernements de l'Europe, qui connaissent tous, depuis longtemps, le fusil à aiguille de la Prusse, à continuer les études et les expériences entreprises pour trouver un système d'armes se chargeant par la culasse qui soit plus pratique.

(1) Ce secret consisterait à recouvrir de collodion la boule fulminante (*Illustrated London news*).

Description du fusil à aiguille.

Le fusil à aiguille est rayé et se charge par la culasse, avec une cartouche qui porte son amorce fulminante. Le système de rayures n'a rien de remarquable ; mais le chargement par la culasse et la suppression de l'opération d'amorcer donnent à cette arme une propriété précieuse à la guerre. Cette propriété réside dans la faculté de pouvoir tirer, dans un temps donné, un nombre de coups beaucoup plus considérable que les armes se chargeant par la bouche. C'est cette vitesse de tir, et non le mécanisme de la culasse, qui donne au fusil à aiguille une supériorité relative et incontestable sur les armes de guerre généralement en usage.

Le calibre de l'arme est :

Dans le canon. . . . . 15 mill. 5
Dans la chambre. 17 5

Le mécanisme du fusil à aiguille comprend quatre parties distinctes, savoir (*fig*. 1, 2 et 3) :

1° Une boîte de culasse *a*, *a*, *a*, qui consiste dans un cylindre creux ouvert à ses deux extrémités et vissé au tonnerre de l'arme. Ce cylindre porte sur une partie de sa longueur une fente longitudinale et coudée vers l'extrémité antérieure ;

2° Un verrou *b*, *b*, *b*, ou cylindre mobile, qui peut se mouvoir dans l'intérieur du cylindre précédent, au moyen d'une poignée *h* qui lui est perpendiculaire et passe par la fente (*fig*. 1).

Ce cylindre est creux et divisé en deux par une partie taraudée intérieurement *s*, *s*, dans laquelle est vissé le conducteur *e*, *e*, de l'aiguille *d*, *d*.

La partie cylindrique et creuse antérieure forme une chambre *c*, *c*, en arrière de la cartouche. Elle se termine antérieurement par un tronc de cône creux *f*, *f*, dans lequel s'emboîte l'extrémité du tonnerre, lorsqu'on pousse le verrou en avant pour fermer la culasse.

La partie cylindrique et creuse, postérieure à l'écrou du conducteur de l'aiguille, reçoit la platine ou le mécanisme destiné à produire l'inflammation de la charge de poudre ;

3° Une platine ou mécanisme destiné à produire l'inflammation de la charge. Ce mécanisme diffère complétement dans sa disposition de la platine en usage ; mais se compose des mêmes éléments, savoir :

Un marteau, ou appareil de choc, qui consiste, ici, dans une tige cylindrique *d*, *d*, mobile dans l'axe du canon ;

Un moteur qui, au lieu d'être un ressort à branche. comme dans les platines en usage, est un ressort à boudin *r*, *r*.

Tout ce mécanisme est renfermé dans un cylindre creux *g*, *g*, introduit dans la partie postérieure du verrou ;

4° Une gâchette *i*, ou appareil, dont l'objet est de maintenir le ressort bandé, et de le laisser détendre à volonté.

La gâchette, dans le fusil à aiguille, se compose d'une tige rectangulaire en acier *i*, qui est fixée à l'extrémité d'un ressort *n*, placé au-dessous du canon ; elle peut ainsi prendre un mouvement perpendiculaire à l'axe du canon.

5° La détente *j*, ou pièce destinée à mettre en jeu la gâchette, est réunie par son coude à la gâchette, au moyen d'une goupille qui lui sert d'axe de rotation.

Cette disposition est très-avantageuse ; car la pression continue du doigt détermine le départ, en surprenant le tireur, ce qui empêche la déviation du canon.

La hausse est analogue à celle des carabines françaises. Elle est à planche et graduée pour les distances de 600, 500, 400, 300, 200 pas.

Chargement du fusil à aiguille.

Pour charger cette arme, il faut exécuter les opérations suivantes :

1° *Ouvrir la chambre*. Pour cela, il faut saisir de la main droite le bouton de la poignée du verrou, l'incliner à droite, jusqu'à ce qu'elle soit dans la rainure longitudinale, puis ramener le verrou en arrière.

Le mouvement rétrograde du verrou, entraînant le mécanisme de la platine, ramène en même temps l'aiguille en arrière, et la met à la position du repos, si l'on agit sur la détente de manière à dégager la gâchette.

2° *Introduire la cartouche* par le tonnerre dans la chambre qui lui est réservée. Cette opération se fait par la fente destinée au jeu du verrou.

3° *Fermer le tonnerre*. Pour exécuter cette opération, il faut ramener le verrou en avant, puis incliner la poignée *h* à gauche pour l'engager dans la rainure transversale et empêcher tout mouvement longitudinal.

Mais il faut aussi exécuter cette opération sans ramener en avant le mécanisme de la platine.

A cet effet, on exerce avec la main gauche une pression sur la tête *T* du ressort *K*, fixé au-dessus du cylindre de la platine. L'arrêt *v* du verrou est ainsi dégagé, et celui-ci peut être ramené en avant sans entraîner la platine avec lui.

L'arme est alors chargée et au repos.

4° *Armer le fusil.* Pour exécuter cette opération, on pousse la platine en avant, et agissant sur le talon *B* jusqu'à ce que l'arrêt *v* soit engagé dans l'entaille du ressort *K*, ce qui fixe la platine.

Pendant ce mouvement de translation, le ressort à boudin *r*, *r*, est comprimé à une extrémité par le talon *B*, et arrêté de l'autre par l'épaulement *t* du porte-aiguille qui butte contre la gâchette *i*, de sorte que ce ressort est bandé.

La queue *q* du porte-aiguille qui sort du cylindre, fait connaître cet état du ressort et dénote que l'arme est prête à faire feu.

5° *Feu.* Pour faire feu, le doigt presse la détente *j*, dont l'autre branche *u* s'arc-boute contre la partie inférieure de la boîte de culasse et détermine l'abaissement progressif de la gâchette *i*. Cet abaissement dégage bientôt le renfort *t* du porte-aiguille et permet au ressort à boudin *r*, *r*, de se détendre brusquement. Cette détente pousse violemment l'aiguille *d*, à travers la poudre, contre l'amorce fulminante *x*, qu'elle fait détoner.

6° *Désarmer.* Pour désarmer sans tirer, on presse sur la tête *T* du ressort *K*, de manière à le dégager de l'arrêt *v*, puis on tire en arrière le bouton *B*, qui entraîne le mécanisme de la platine et met l'arme au repos.

Cartouche du fusil à aiguille.

La balle, d'abord sphéro-conique, *fig.* 4, était placée dans l'arme de manière que la partie sphérique reposât sur le sabot. Mais le tir était défectueux.

La cartouche Langlei, *fig.* 5, aujourd'hui en usage, a considérablement amélioré les effets balistiques du fusil à aiguille.

Cette cartouche se compose :

1° D'une balle oblongue du poids de 32 grammes, dont le plus grand diamètre est 13 millimètres et la longueur 28 millimètres ; sa partie antérieure est ogivale, et la partie postérieure légèrement tronconique ;

2° D'un sabot en carton, destiné à recevoir la balle, et une boulette fulminante, qui est logée dans un vide ménagé au centre de sa partie circulaire. Le sabot enveloppe la balle sur la moitié de sa hauteur et forme ainsi un ressaut dont la largeur est $1^{mm}75$.

Le diamètre de ce sabot est. . . . . . . 17 millimètres.
La hauteur. . . . . 15 —
Le poids du sabot et de la boulette. . . 3 grammes.

Le sabot remplit le vent, qui est de 2 millimètres, et détermine la rotation de la balle.

3° D'une charge de poudre pesant 4 grammes;

4° Enfin d'une enveloppe de papier pesant 1,75.

De sorte que le poids total d'une cartouche est 40 gr. 75.

Le paquet est de dix cartouches, et pèse 420 grammes.

Le soldat prussien porte dans sa giberne 40 cartouches en temps de paix; en temps de guerre, il en porte 80 au moyen de deux gibernes, qui sont fixées sur une ceinture et situées à droite et à gauche du corps.

Trajectoire de la balle du fusil à aiguille.

Les Prussiens font un grand mystère des effets balistiques du fusil à aiguille. Avec la première balle sphéro-ogivale le tir de cette arme était très-inférieur à celui de la plupart des nouvelles armes à feu, tant sous le rapport de la justesse aux distances supérieures à 400 mètres que sous celui de la tension de la trajectoire.

Mais depuis l'introduction de nouveaux perfectionnements, et principalement depuis l'adoption de la cartouche Langlei (plomb oblong), le tir a été considérablement amélioré.

Cependant la trajectoire de la balle du fusil à aiguille est relativement plus courbe que celles que décrivent à la même distance les balles du fusil d'infanterie, 1852; de la carabine, 1855; de la carabine Withworth, etc.

Les flèches des trajectoires des balles de ces armes sont :

DÉSIGNATION DES ARMES.	100m	200m	300m	400m	500m	600m
	m	m	m	m	m	m
Fusil à aiguille.	0 30	0 90	1 85	3 60	6 12	9 96
Fusil d'infanterie, modèle 1852.	0 23	0 76	1 66	3 16	5 48	8 80
Carabine, modèle 1859.	0 19	0 69	1 51	2 87	4 62	7 62
Carabine Withworth.	0 08	0 41	0 96	1 82	3 00	4 65
Carabine de 10mm	0 04	0 34	0 84	1 64	2 60	4 45

Comme l'arme qui donne la trajectoire la plus rasante est la plus avantageuse à la guerre, pour éviter les erreurs de hausse et mieux atteindre l'ennemi, le fusil à aiguille occupe le dernier rang. Mais l'arme, qui a donné les résultats précédents, est-elle du dernier modèle adopté en Prusse, et cette infériorité relative a-t-elle disparu? C'est une question à laquelle pourra bientôt répondre l'expérience. Car cette arme va devenir partout un objet d'études sérieuses qui dévoileront les mystères du modèle prussien.

Données principales relatives au fusil à aiguille.

Calibre	du canon, partie rayée	15mm5
	du canon, chambre	17mm5
	de la balle	13mm5
Rayures de gauche à droite	Nombre	4
	Largeur	5 02
	Profondeur	0mm78
	Inclinaison : un tour sur	0m75
Longueur	du canon	0m916
	de l'arme, sans baïonnette	1m43
	— avec baïonnette	1m95
	de la balle	0m028
Poids	de l'arme, avec baïonnette	5k42
	de la charge	4g
	de la balle	32g

Avantages du fusil à aiguille.

Le fusil à aiguille prussien n'a sur les armes portatives des autres puissances de l'Europe qu'un seul avantage, mais qui est capital dans certaines circonstances de la guerre. Cet avantage est la vitesse du tir *qui est au moins triple* de celle des armes qui se chargent par la bouche.

Il est incontestable que cette rapidité de tir doit donner à l'infanterie prussienne une grande supériorité sur le champ de bataille; mais ce résultat est subordonné à un approvisionnement convenable de munitions, qui peut quelquefois faire défaut, et au maintien de l'arme en état de service. La guerre actuelle entre l'Autriche et la Prusse, quoique faite dans des facilités exceptionnelles d'approvisionnements, fournira des données précieuses pour fixer l'opinion sur la valeur pratique du fusil à aiguille qui jouit, pour le moment, d'une si grande popularité.

Pour donner une idée de l'influence de la vitesse du tir, supposons un bataillon de 1000 hommes rangés sur trois rangs et armés d'un fusil tirant six coups à la minute. Si le feu commence seulement à 500 mètres, comme il faut au moins cinq minutes à l'ennemi pour parcourir cette distance, le bataillon tirera, pendant ce temps, 30,000 coups de fusil.

Quelle que soit l'intrépidité de l'ennemi, il est probable qu'il ne pourra continuer sa marche sous cette grêle de balles, à moins d'une grande supériorité numérique, et sera forcé de se retirer avec des pertes considérables, surtout s'il est armé d'un fusil se chargeant par la bouche qui tire trois fois moins vite.

Inconvénients du fusil à aiguille.

Le mécanisme de cette arme est compliqué et sujet à des dérangements; l'obturation de la culasse, après un long tir, cesse, paraît-il, d'être parfaite, et les gaz s'échappent par les joints au point d'incommoder sérieusement le soldat.

L'ouverture et la fermeture de la culasse deviennent difficiles lorsque l'arme est échauffée ou encrassée par le tir.

L'ajustage et l'entretien des diverses pièces du système sont délicats, difficiles, et leur dégradation paraît prompte.

L'absence d'un cran de sûreté rend fort dangereux le départ involontaire de l'aiguille avant la fermeture du tonnerre.

La cartouche est très-compliquée à cause de l'amorce fulminante qu'elle porte, et son transport n'est pas sans danger dans le caisson.

Un raté oblige de retirer la cartouche du fusil et de la remplacer par une autre.

Nous ferons enfin observer que le fusil à aiguille devient une arme inutile lorsque les cartouches spéciales viennent à manquer.

Le fusil à aiguille, en un mot, possède les propriétés et les défauts particuliers aux armes qui se chargent par la culasse avec des cartouches portant leur amorce fulminante, comme le mousqueton des cent-gardes, inventé par le colonel de Treuille de Beaulieu, le fusil Chassepot, etc.

Les avantages généraux de ces armes sont :

La suppression de la baguette, le chargement prompt, facile même pendant la nuit, quelle que soit la position du soldat ;

Le chargement tout en ayant la baïonnette croisée ;

Un tir très-rapide ;

Une cartouche stable dans le canon, condition nécessaire pour les pistolets ;

L'introduction de toute la charge dans le canon, et par suite une plus grande régularité de tir ;

L'impossibilité de mettre plusieurs cartouches l'une sur l'autre ;

La régularité de la position de la balle dans l'arme et par suite de son forcement ;

Le tir prolongé sans encrassement, et avoir besoin de laver le canon ;

La possibilité de réduire considérablement les calibres du fusil, sans craindre de ne pouvoir y verser la poudre.

Les inconvénients généraux sont :

La difficulté d'obtenir un mécanisme de fermeture du tonnerre qui satisfasse aux conditions de précision, de solidité et de simplicité nécessaires.

Il faut en effet que :

Le mécanisme destiné à fermer et à ouvrir le tonnerre soit simple, solide, manœuvre facilement et avec rapidité ;

L'obturation de l'arme, c'est-à-dire la fermeture du tonnerre, soit assez exacte pour ne laisser aucune issue aux gaz de la poudre ;

Le jeu du mécanisme soit indépendant de la durée du tir et de l'encrassement qui en résulte ;

Le tir soit sans danger pour le tireur, et par conséquent que le coup ne puisse partir avant que l'obturateur soit fixé.

La cartouche des armes se chargeant par la culasse est généralement compliquée et difficile à exécuter.

On reconnaîtra, ainsi : que les conditions, auxquelles doit satisfaire le système de chargement par la culasse, présentent beaucoup de difficultés techniques et de service, et pourquoi aucun des nombreux et ingénieux systèmes proposés ne résout, encore, complétement la question.

De l'avenir de l'industrie armurière.

Les effets produits par le fusil à aiguille, et qui ont vivement frappé l'opinion, vont donner un vaste essor à l'industrie armurière, car aucune armée ne pourra conserver une arme inférieure.

Tous les gouvernements de l'Europe et ceux des autres parties du globe vont à l'envi s'empresser, chacun suivant ses moyens, d'armer ses troupes d'un fusil aussi meurtrier.

Mais si le patriotisme d'un peuple peut toujours lui faire trouver l'argent nécessaire pour acheter les armes nécessaires à sa défense, il faut de nouvelles usines puissamment outillées pour fabriquer rapidement une très-grande quantité d'armes, et ces usines ne s'improvisent pas.

Il y a peu d'années, l'industrie armurière était encore presque exclusivement manuelle, et, par conséquent, la production annuelle des manufactures de l'Europe les plus considérables était insuffisante pour fournir un armement nouveau dans un bref délai. Mais la guerre de la sécession des États-Unis d'Amérique a donné à cette industrie un immense essor en substituant l'outillage mécanique au travail manuel. Les États-Unis ont pu, ainsi, sans recourir à l'étranger, subvenir à l'énorme dépense d'armes que cette guerre a exigée. La manufacture d'armes nationale de Springfield peut fabriquer plus de mille armes par jour ; celle de M. Colt autant, etc.

L'Angleterre et la France ont suivi l'exemple de l'Amérique, et ont créé de puissantes usines pour fabriquer mécaniquement les armes à feu. Cette substitution de la fabrication mécanique au travail manuel paraît très-économique ; car la création de la manufacture d'Enfield procure à l'Angleterre une économie annuelle d'un million.

On peut donc, aujourd'hui, fabriquer dans quelques mois l'armement nécessaire à l'armée la plus considérable, et lui donner ainsi, au début d'une guerre, les armes les plus perfectionnées.

Le fusil à aiguille prussien est supérieur aujourd'hui aux fusils qui arment les autres combattants ; mais il y a des modèles préférables. Le fusil à aiguille tire six coups par minute. Il y a des fusils américains qui en tirent douze à quinze. Le dernier progrès des armes meurtrières n'est pas accompli !

C'est la partie technique de l'arme chargée avec de la poudre qui, jusqu'ici, a été l'objet des perfectionnements. Mais il y a aujourd'hui des agents moteurs plus puissants que la poudre, savoir : le coton-poudre, la nitro-glycérine, etc. ; et le champ des découvertes de ce genre est à peine connu. Il y aura donc à chercher le récepteur le plus convenable à l'utilisation de ces forces motrices. On peut prévoir qu'il en résultera des armes plus meurtrières par leur portée et leur justesse, à égalité de vitesse de tir.

Jusqu'ici, toutes les puissances militaires ont rempli leurs arsenaux d'énormes approvisionnements d'armes à feu, et en général de matériel de guerre. Elles immobilisaient ainsi des capitaux considérables. Mais ces approvisionnements de précaution étaient nécessaires, car les établissements militaires, soumis au régime du travail presqu'exclusivement manuel, étaient dans l'impossibilité de produire, dans un bref délai, le matériel de guerre nécessaire aux armées.

Aujourd'hui cette impossibilité disparaît par l'emploi des machines-*outils*, dont le travail, plus précis que celui de l'homme, est capable d'une production rapide et illimitée. Il est donc probable que les approvisionnements de précaution diminueront considérablement.

La dépense était le principal défaut de ces approvisionnements, lorsque l'armement restait stationnaire ou ne subissait que des modifications de détail ; mais, actuellement, il pourrait y avoir de l'imprudence à suivre les errements du passé, car on doit s'attendre, chaque jour, à voir surgir une idée qui réalisera un progrès assez considérable pour déterminer des changements de modèles d'armes, et rendre celles des magasins trop inférieures pour être employées avec succès.

Ainsi les progrès de l'outillage de l'industrie armurière sont appelés à résoudre deux questions importantes, savoir :

Une question économique par la réduction considérable des approvisionnements de précaution ;

Une question militaire, dont la guerre actuelle montre l'importance, savoir : fournir toujours aux armées, entrant en campagne, un armement supérieur qui, à circonstances égales d'ailleurs, décidera la victoire.

Imp. de Cosse et J. Dumaine, r. Christine, 2.

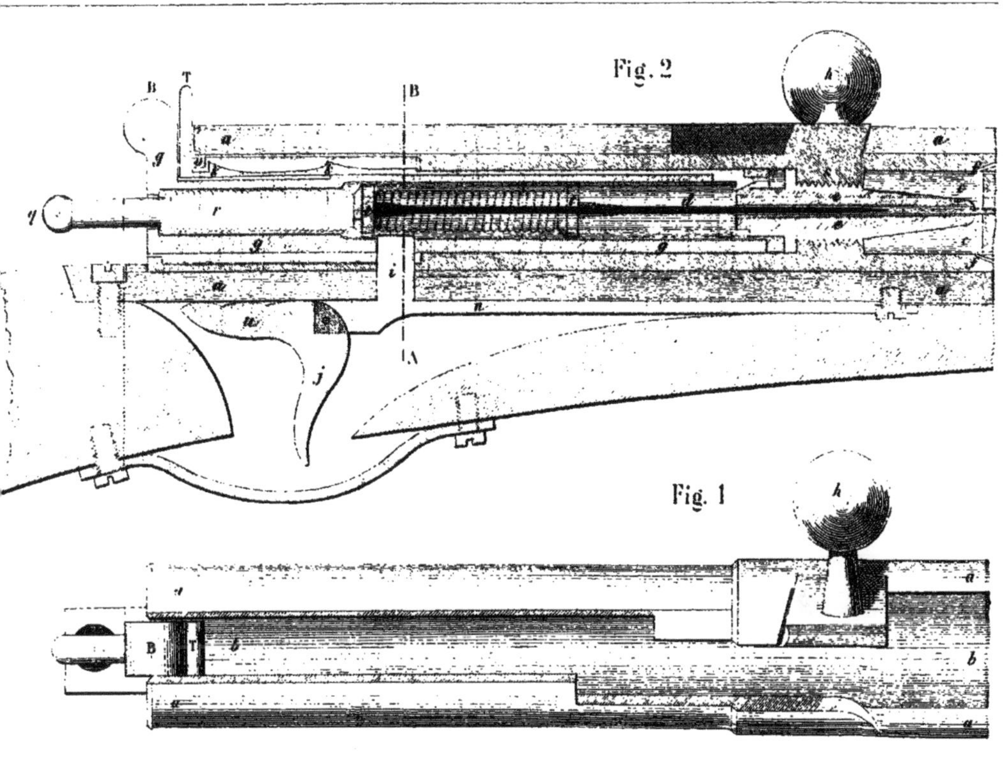

Librairie Militaire de J. DUMAINE, Libraire Editeur de l'Empereur, Rue et Passage Dauphine 30.

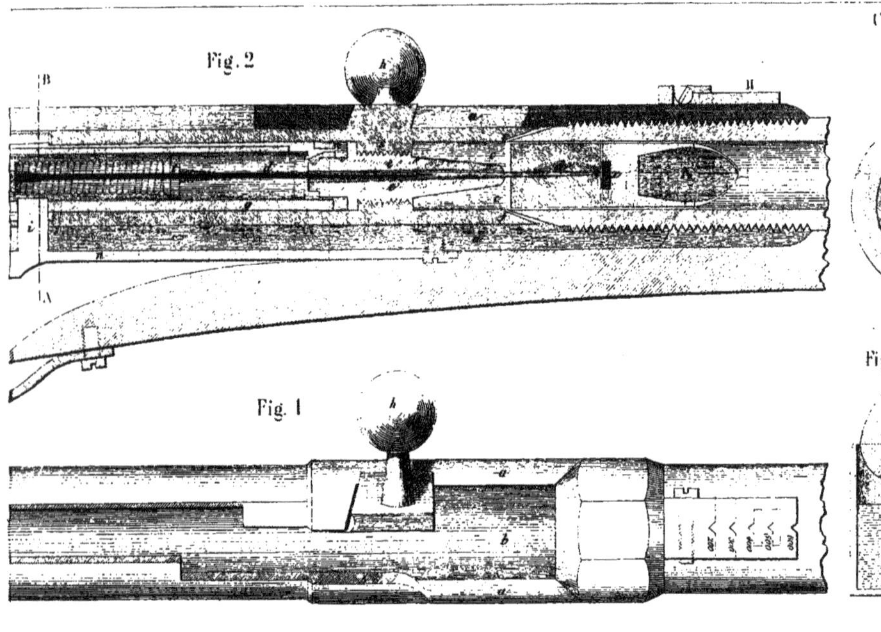

ar, Rue et Passage Dauphine 30.

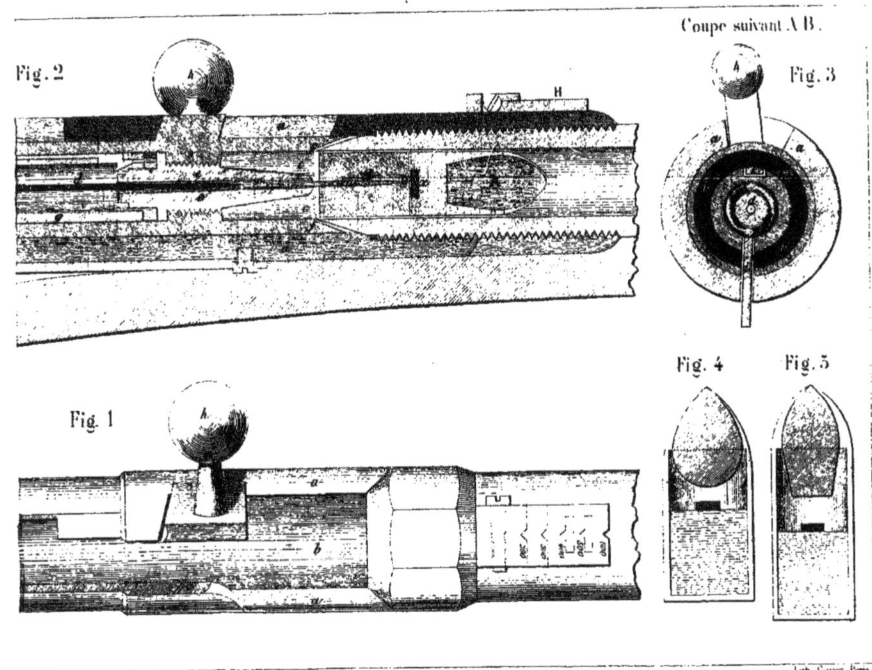
Coupe suivant A B.
Fig. 2
H
Fig. 3
Fig. 4
Fig. 5
Fig. 1
Lith. Cayrer, Paris.

www.ingramcontent.com/pod-product-compliance
Ingram Content Group UK Ltd.
Pitfield, Milton Keynes, MK11 3LW, UK
UKHW012135240726
13965UKWH00005B/2186